nickelodeon

BIENVENUE CHEZ LES LOUD

Photos de famille

Adaptation : Olivier Gay.
Création graphique du roman : Le chalet graphique.
Hachette Livre, 58, rue Jean-Bleuzen, 92178 Vanves Cedex.

nickelodeon

Bienvenue chez les Loud

Photos de famille

hachette
JEUNESSE

LINCOLN

Dans la famille Loud, il y a toujours de l'ambiance. Il faut dire qu'avec onze enfants, on ne s'ennuie jamais. À 11 ans, Lincoln est le **seul garçon**. Et pour survivre à ses dix sœurs, autant avoir un plan et rester zen !

11 ans

LORI

Lori est l'aînée de la fratrie et la **chef** auto-proclamée. Son portable à la main, elle passe son temps à appeler Bobby, son petit ami.

17 ans

LENI

Naïve et tête en l'air,
Leni est toujours
à la pointe de la **mode**.
Elle dessine et coud
des tenues hyper stylées !

16 ans

LUNA

Luna, la **rock star**,
adore parler en chantant
et jouer de la guitare,
son instrument préféré.
Avec elle, difficile d'avoir
un peu de calme.

15 ans

LUAN

Comédienne dans l'âme, Luan est un vrai petit **clown**. Elle raconte sans arrêt des blagues et adore faire rire son frère et ses sœurs.

14 ans

LYNN

Pour Lynn, il n'y a rien de mieux que le **sport**. Plus elle peut se dépenser, plus elle s'amuse !

13 ans

LUCY

À 8 ans, Lucy ne parle que de choses tristes et effrayantes. Avec son look **gothique**, elle fait peur à Lincoln, qui ne la voit souvent qu'au dernier moment.

8 ans

LANA

La jumelle de Lola est son parfait opposé ! Elle aime fouiller les poubelles pour y trouver des choses **sales** et dégoûtantes.

6 ans

LOLA

Lola se prend pour une vraie **princesse** ! Seuls le rose et les paillettes trouvent grâce à ses yeux.
Très maligne, elle obtient souvent ce qu'elle veut.

6 ans

LISA

Du haut de ses 4 ans, Lisa est la plus **intelligente** de la famille.
Cachée derrière ses grosses lunettes, elle a réponse à tout !

4 ans

LILY

Le petit **bébé** des Loud est la chouchoute de toute la famille. Surnommée affectueusement « la machine à popo », Lily cherche par tous les moyens à se débarrasser de sa couche sale !

15 mois

CLYDE

Fils unique, Clyde adorerait avoir plein de sœurs. Toujours fourré chez Lincoln, son **meilleur ami**, il est fou amoureux de Lori.

11 ans

Fausse manipulation

Bienvenue chez les Loud, une famille incroyable de onze enfants. Eh oui, onze !

Et seul celui du milieu, Lincoln, est un garçon. Autant dire qu'il est particulièrement fier lorsqu'il peut montrer un signe de virilité… Comme aujourd'hui ! Son premier poil de barbe a poussé et, même s'il est tout petit, il a envie d'immortaliser le moment.

– Ne bouge plus, murmure Clyde en avançant son appareil photo vers le visage de Lincoln.

Il prend la photographie très au sérieux, et il a amené tout son matériel dans la chambre de son ami. D'une main, il tient un réflecteur et, de l'autre, il règle l'énorme objectif de son appareil photo. Il est tellement proche qu'il peut voir tous les détails de la peau… et au milieu, le minuscule poil blanc.

– Ça y est ! se réjouit Clyde.

Il montre l'écran à Lincoln, qui sourit jusqu'aux oreilles en découvrant le résultat. Il tire sur le poil et le laisse rebondir sur son visage. C'est un moment important pour lui…

– Oh, beau cliché ! admire le garçon. Mon tout premier poil de barbe ! Cette photo mérite de faire partie de la photothèque de Lincoln.

– La « photothèque de Lincoln » ? répète Clyde, surpris.

Aussitôt, son ami l'entraîne au rez-de-chaussée, le conduit devant son ordinateur et ouvre un dossier. Des dizaines de photos apparaissent à l'écran.

– Oui, c'est le dossier où j'enregistre mes souvenirs les plus mémorables. Regarde ça ! Là, c'est Lynn et moi dans la baignoire...

Sur l'image, il est très occupé à s'amuser avec une baleine et un canard en plastique, tandis que sa sœur prend fièrement la pose pour montrer ses muscles. Décidément, les

deux n'ont pas changé en grandissant : Lincoln ne pense toujours qu'à jouer et Lynn à faire du sport !

– … Lori qui me fait manger ma première glace…, commente Lincoln en faisant défiler les photos.

Il était encore bébé, sur une chaise haute, et tellement mignon ! Et Lori était encore une enfant à qui il manquait des dents, très protectrice avec son petit frère. Bon, peut-être que ça a changé, ça. Désormais, il n'a même plus le droit de mettre un pied dans sa chambre.

– … mon premier tour de poney mécanique…, continue Lincoln.

Sur ce cliché, Luan est installée sur la selle et s'amuse comme une folle tandis que Lincoln s'est juché sur la tête de leur monture : c'est bien plus drôle ainsi. Entre eux se trouve Lucy, encore bébé. Elle a déjà cette expression blasée qu'elle affiche toujours aujourd'hui. Si ça se trouve, elle a adoré ce moment, mais elle n'en montre rien.

– … et maintenant, mon tout premier poil de barbe, conclut le garçon en branchant l'appareil numérique sur son ordinateur pour transférer sa nouvelle photo.

Aussitôt, un message d'erreur s'affiche : « La photothèque de Lincoln est pleine. Faire de la place pour un nouveau dossier ? OUI/NON. »

– Oui ! s'écrie joyeusement Lincoln en cliquant sur le bouton correspondant avec la souris.

Malheureusement, toutes ses précieuses photos disparaissent les unes après les autres dans la poubelle de l'ordinateur.

– Oh, où allez-vous ? s'affole le garçon. Non, non, non, non, stoop !

Il appuie sur tous les boutons, puis cogne violemment le clavier contre la table dans l'espoir d'arrêter la machine infernale, sans succès.

– Oh non, non, non, non, non…, répète-t-il.

Le répertoire photo est désormais vide. Il clique sur la poubelle, mais celle-ci aussi a été vidée. Il n'a plus aucun moyen de récupérer ses images. Désespéré, il se roule en boule sur la chaise et prend sa tête entre ses mains :

– Mes souvenirs d'enfance ont tous disparu !

– Ne t'inquiète pas, mon pote, le console Clyde en posant une main sur son épaule. Ça m'est déjà arrivé, mais j'ai tout retrouvé.

Mes parents les avaient sauvegardés dans le nuage.

Il reste peut-être encore un espoir pour Lincoln !

Dans la cuisine, M. Loud est occupé à faire des lasagnes. Il se tourne vers le chien de la famille pour obtenir quelques conseils :

– Qu'est-ce que tu en penses, Charles ? Je dois mettre plus de fromage ou moins de fromage ?

Le chien, qui a senti l'odeur de la viande, se tient sur ses pattes arrière et aboie joyeusement.

– Tu as raison, traduit M. Loud en lui grattouillant la tête. Toujours plus de fromage.

Il s'apprête à ouvrir le frigo lorsque Lincoln arrive en courant :

– Papa ! Est-ce qu'on a un nuage ?

– Bien sûr, répond son père.

Ouf ! Le garçon essuie la sueur qui perle à son front. Ses souvenirs d'enfance sont sauvés !

– On a aussi le ciel, le soleil et la lune…, continue M. Loud en comptant sur ses doigts.

Oh, oh…

– Non, je parle du nuage informatique ! précise Lincoln. Celui où tu gardes les trucs de ton ordinateur !

– Ah, ce nuage ! comprend son père.

Il marque une pause avant de répondre :

– Non…

Recommencer à zéro

Cette fois-ci, Lincoln est au bord des larmes. Il n'en revient pas d'avoir tout effacé ! Il se rend dans le salon avec Clyde et s'effondre tête la première sur le canapé.

– Je n'y crois pas, j'ai perdu tous mes souvenirs d'enfance, pour toujours ! se lamente-t-il.

– Ça va aller, mon pote, répond Clyde. Le Dr Lopez dit que le premier pas vers la guérison se fait en respectant ses sentiments.

C'est vrai que Clyde voit régulièrement une psychologue, et il est très doué pour répéter ce qu'elle a pu lui dire lors de leurs séances. Bon, parfois, ce n'est pas très pertinent.

Soudain, M. Loud fait irruption dans le salon, à la poursuite de son chien. Celui-ci s'est emparé du plat de lasagnes !

– Non, non, non, non, Charles, pas bien ! s'écrie-t-il.

Déprimé, il abandonne en voyant son chien dévorer à pleines dents le repas qu'il avait prévu pour le soir même.

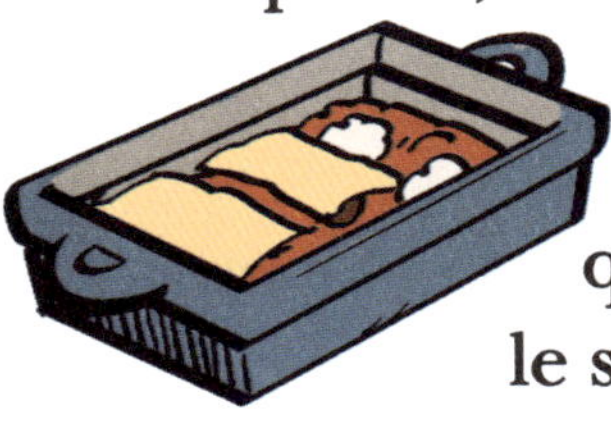

– Je déteste le lundi, soupire-t-il. Je crois que je n'ai plus qu'à tout recommencer.

Soudain, Lincoln retrouve le sourire. L'une de ses plus grandes qualités, c'est qu'il ne reste jamais abattu très longtemps. Il a toujours de nouvelles idées pour rebondir.

– Recommencer ! répète-t-il. Clyde ! C'est ça, la solution !

– Bonne idée, admet son ami. En aidant ton père à préparer ses lasagnes, tu ne penseras pas à ce que tu as perdu. C'est le deuxième pas vers la guérison.

– Non, explique Lincoln, je veux dire qu'on n'a qu'à refaire les photos !

Clyde réfléchit, les sourcils froncés. Ça ne correspond pas du tout à la thérapie de sa psychologue.

– Hmm… le déni, tu viens de faire un pas en arrière…

Bien sûr, il ne peut pas résister longtemps. Il adore les plans de Lincoln (même s'ils se déroulent souvent mal).

– … mais je te suis ! conclut-il.

Les deux amis montent à l'étage et Lincoln crie de toutes ses forces :

– Hé oh, réunion dans le couloir !

Aussitôt, les portes des cinq chambres s'ouvrent en même temps et ses sœurs pointent leur tête, curieuses. La première à réagir, c'est Lynn. Elle est en tenue de sport, avec un bandana sur les cheveux.

– Oh, j'espère que ça vaut le coup, parce que j'ai encore des fentes à faire, grogne-t-elle en continuant ses exercices.

– Bien sûr que ça vaut le coup, réplique Lincoln avec un sourire exagéré. Qui veut passer une super journée à reproduire les classiques de nos photos de famille ?

Il s'attendait à un enthousiasme débordant… mais c'est raté.

– Tu rêves, marmonne sa sœur Lola.

– Désolé, mec, on va toutes au centre commercial, explique Luna. Super soldes sur les colliers cloutés.

La musicienne de la famille a toujours

aimé les bijoux avec des clous. Autour des doigts, des poignets ou du cou, c'est super rock'n'roll !

– Et les garnitures de cercueil, ajoute Lucy.

Toujours aussi inquiétante, la petite sœur de Lincoln est gothique jusqu'au bout des ongles (noirs). Autant dire que cette offre ne pouvait que l'allécher.

– Et les toilettes à double chasse d'eau, conclut Lana.

La jumelle de Lola adore tout ce qui lui permet de se salir. Alors, dès qu'on parle de toilettes…

Une à une, les portes se referment, et Lincoln reste seul avec Clyde. La plupart des garçons se seraient découragés… mais pas Lincoln.

– Ce n'est pas vrai, marmonne-t-il. Il nous faut un plan B…

Clyde aperçoit soudain la casquette de Lana abandonnée sur la rampe de l'escalier. Une idée germe alors dans son esprit. Il pose l'objet sur sa tête et tourne le dos à Lincoln le temps de se déguiser.

– Ou peut-être qu'il nous faut… un plan C ? suggère-t-il en dévoilant son visage.

Il a peint l'une de ses dents en noir avec un feutre pour faire croire qu'elle est manquante. On dirait le portrait craché de Lana !

Bon, pas vraiment en fait, parce qu'il ressemble toujours à Clyde, mais c'est une belle tentative.

– Tu piges ? insiste le garçon devant le manque de réaction de Lincoln. Le C, c'est pour « Clyde » !

– Oui, j'ai compris et ça me plaît, admet Lincoln. Mais attends, tu crois vraiment que tu peux jouer toutes mes sœurs ?

– Pfff, se moque Clyde en réajustant son col. Avec mes parents, on fait du théâtre le vendredi soir depuis des années. J'ai déjà joué tous les orphelins dans *Annie*. Tu en as entendu parler ? Bon ! Donne-moi ma ventouse !

Il se penche en avant et, pendant un instant, il parvient à imiter parfaitement l'expression joyeuse et agressive de Lana lorsqu'elle va faire une grosse bêtise. Lincoln est bluffé !

– Waouh, tu es encore plus surprenant que les lasagnes de mon père.

Clyde se transforme

Lincoln est désormais super motivé par l'idée de Clyde. Il a écrit sur une feuille un titre provisoire :

« Recréer mes souvenirs les plus chers – penser à trouver un nom de liste plus court. »

Dessous se trouvent toutes les photos qu'il aimerait reproduire :

« Moi et Lynn dans la baignoire »

« Lori – crème glacée »

« Moi, Luan et Lucy sur le poney »

« Moi et le père Noël »

« Moi à mon 7e anniversaire »

« Moi et Luan à la plage »

– Bon, déclare Lincoln, première photo, Lynn et moi dans la baignoire. Et cette fois, on ne prend pas de risque. Je vais utiliser une pellicule et faire des tirages papier.

En effet, il a retrouvé un vieil appareil photo de son père, qui date d'avant le numérique. Comme ça, pas de problème de stockage ou de mémoire !

Il vient à peine d'installer la pellicule lorsque son ami fait

irruption dans la salle de bains. Celui-ci porte une perruque et ressemble vraiment à Lynn. Il a même copié son langage !

– N'importe quoi, le geek, ricane-t-il. Qui utilise encore des pellicules ? Hé, Lincoln, réflexe !

Il lui lance de toutes ses forces une balle de base-ball. Touché au ventre,

Lincoln gémit et parvient de justesse à rattraper l'appareil photo avant qu'il ne tombe au sol.

– Ouf, grimace le garçon. Clyde, qu'est-ce que tu fais ?

– Désolé, je rentre dans le rôle, répond son ami en faisant des fentes. C'est un truc d'acteur.

Quand Clyde est motivé, il est difficile de l'arrêter…

À Lincoln de jouer, maintenant. Il vérifie les ampoules pour tester la luminosité, trempe un doigt dans l'eau, jette un canard en plastique dans la baignoire et appuie sur son appareil photo.

– OK, conclut-il. La lumière est bonne, l'eau est bonne, les accessoires sont en place et le retardateur est enclenché.

Les deux garçons se mettent dans la baignoire et prennent les poses de la photo originale – même s'ils gardent leurs sous-vêtements, il ne faut pas exagérer non plus.

Soudain, une bulle éclate à la surface de l'eau.

– Attaque sous-marine ! ricane Clyde, à fond dans son personnage.

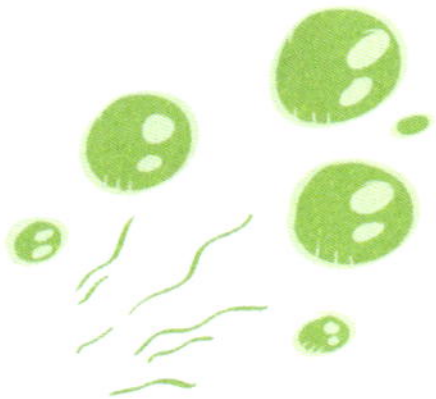

– Eh, attends mec, proteste Lincoln. Je rêve ou tu as pété ?

– Je me sentais bien, alors je me suis laissé aller, explique son ami.

La bulle s'approche de Lincoln inexorablement, et finit par éclater contre lui. Beurk !

Il est temps de passer à la photo suivante.

– Lori me fait manger ma première glace, lit Lincoln.

De nouveau, il vérifie tous les détails de la scène :

– La chaise est à la bonne hauteur, c'est bien une glace à la menthe avec des copeaux de chocolat, la couche est ajustée mais pas trop serrée…

En effet, Lincoln s'est déguisé en bébé pour cette prise ! Il a un bavoir autour du cou et une couche-culotte. Il escalade la chaise haute et s'installe confortablement.

– Clyde, je suis prêt, il ne manque plus que toi ! appelle-t-il.

Mais personne ne lui répond.

– Clyde ? insiste Lincoln, impatient. Pff, les acteurs…

Il essaie de descendre de la chaise pour aller chercher son ami, mais il est coincé ! Il se secoue d'un côté, puis de l'autre, et finit par tomber à la renverse. Heureusement, le bol n'a rien.

Clyde se précipite dans la pièce pour aider le garçon à se relever. Il porte désormais une perruque blonde et une robe bleue pour ressembler à Lori sur la photo !

– Désolé, Lincoln, marmonne-t-il, j'étais en train de travailler, euh, mon personnage.

Que cache-t-il ainsi ? En réalité, pendant que Lincoln se déguisait en bébé, lui s'étalait de la crème sur le visage puis se mettait du rouge à lèvres devant le miroir.

– Désolé, Bobby, c'est carrément fini entre nous, a-t-il dit en imitant Lori. Je suis amoureuse de Clyde !

Quelle imagination !

Lincoln avait oublié ce détail, mais Clyde est absolument fasciné par sa grande sœur Lori. À ce niveau-là, ce n'est même plus de l'amour, c'en est presque inquiétant !

Il se réinstalle sur sa chaise pendant que Clyde s'approche avec la glace.

– En tout cas, ça a marché, admet Lincoln, parce que tu ressembles beaucoup à Lori.

– Tu trouves ? s'étonne son ami.

Il s'empare d'une casserole et se regarde sur le fond réfléchissant. Le résultat est très déformé – et il voit surtout ses narines – mais ça lui suffit pour perdre tous ses moyens.

– Lo… Lori ? bredouille-t-il.

Il se met à saigner du nez (directement sur les boules de glace, beurk !) et tombe dans les pommes.

Décidément, ça va être plus compliqué que prévu…

Des photos géniales !

Après toutes ces péripéties, la photo est enfin capturée ! Lincoln se penche de nouveau sur sa liste :

– Ensuite, mon premier tour de poney mécanique avec Lucy et Luan.

Les deux amis se rendent au centre commercial, là où se trouve le poney mécanique. Mais Clyde boude, habillé en Luan.

– J'aurais pu jouer les deux rôles, grommelle-t-il. Pas la peine d'embaucher un amateur.

Et l'amateur en question s'appelle… Rusty ! Il fréquente la même école que Lincoln et Clyde, et il s'est habillé tout en noir pour l'occasion. Il a même fait disparaître ses cheveux roux sous une perruque noir corbeau.

– Comment ça va, les mecs ? demande-t-il, tout joyeux. Lucy Loud est dans la place !

– Rusty, petit conseil de pro, déclare Clyde, toujours aussi jaloux. Lucy ne dirait jamais ça.

– Tu devrais plutôt t'inquiéter pour Lola, rétorque Rusty, mécontent.

– Je suis Luan ! s'énerve Clyde. Tu as pris la peine de répéter, au moins ?

Occupé avec l'appareil photo, Lincoln se tourne enfin vers eux. Il s'est déguisé en cow-boy, comme dans son souvenir.

– Les gars, on la prend, cette photo ? insiste-t-il.

Il appuie sur le retardateur puis monte sur le cheval avec ses deux amis.

Lorsqu'il glisse une pièce de vingt centimes, la machine se met en marche et les secoue dans tous les sens. Elle les secoue même un peu trop ! Le cheval mécanique s'emballe et projette les trois garçons quelques mètres plus loin, dans des caddies de supermarché.

– Quand on chasse le naturel, il revient au galop, lance Clyde avant d'éclater de rire. Compris ?

Décidément, il s'est bien mis dans la peau de son personnage. Luan ne cesse de faire des plaisanteries (la plupart très mauvaises) et rit toujours de ses propres blagues. Bravo, Clyde !

Une photo de plus terminée. Pour la suivante, les deux amis se séparent de Rusty et vont frapper à la porte du voisin des Loud.

– Qu'est-ce que tu veux ? grogne celui-ci.

– Bonjour, monsieur Grouse ! On voudrait prendre une photo, mais on a besoin de quelqu'un pour faire le père Noël !

Le voisin les regarde tous les deux, puis lève les yeux au ciel et s'apprête à leur refermer la porte au nez.

– Tu rêves, marmonne-t-il.

Mais Lincoln a glissé son pied dans l'embrasure de la porte au dernier moment pour la bloquer !

– Même si je vous donne une petite compensation ? insiste-t-il.

M. Grouse est très gourmand, et il suffit d'un plat de lasagnes pour le corrompre. Le voilà déguisé en père Noël sur son fauteuil, à lécher la sauce qui lui reste sur les doigts.

– Je n'aime pas beaucoup me déguiser, par contre j'adore les lasagnes de ton père, admet-il.

Autour de lui, le salon a été joliment décoré pour donner l'impression que Noël approche. Des chaussettes rouges sont accrochées au

mur pour permettre d'y glisser des petits cadeaux.

– D'accord, je ne pensais pas que vous mangeriez tout le plat, marmonne Lincoln, mais je suis sûr qu'on trouvera autre chose pour le dîner… Bon, on perd du temps, les amis. Où est mon lutin ?

Derrière lui, Clyde a revêtu le costume des lutins du père Noël.

Habillé tout en vert, il travaille son personnage… en fabriquant des jouets à coups de marteau.

– Une minute, je termine d'abord ce train, proteste-t-il avant de se frapper violemment le doigt : Aïe !

Lincoln en profite pour le pousser à côté de M. Grouse :

– Clyde, tu te mets là.

Il enclenche le retardateur puis saute sans prévenir sur les genoux de son voisin. Cette fois-ci, la photo sera parfaite…

… sauf que M. Grouse a du mal à digérer les lasagnes. Il rote au visage de Lincoln, qui devient tout vert en respirant l'odeur, avant de s'effondrer au sol. Clyde, qui suçait son pouce douloureux, gémit de nouveau lorsque son ami lui tombe sur le pied.

– Aïe ! Aïe ! Aïe ! crie-t-il en sautant à cloche-pied dans la pièce.

Il se prend les jambes dans un câble électrique et renverse le sapin qui tombe sur M. Grouse.

Encore une photo compliquée…

Il est temps pour Lincoln de voir ce que ses tentatives ont donné. Il tend la pellicule au photographe de la ville, qui les développe comme autrefois.

– OK, Clyde, voici venu le moment de vérité, déclare Lincoln en serrant contre lui l'enveloppe qui contient les précieuses photos. Voyons ce qu'il y a sur cette première pellicule.

Sur la photo n° 1, on aperçoit Lincoln fuir la baignoire à cause du pet de Clyde. Il semble dégoûté, pendant que son ami ricane.

La photo n° 2 montre Lincoln en train de reculer pour éviter les flots de sang qui coulent du nez de Clyde – et on devine que le bol de glace va lui retomber sur le visage.

La photo n° 3 a réussi à capturer l’instant précis où les trois garçons ont été projetés en l’air. La chute dans les caddies va être douloureuse !

Quant à la photo n° 4, elle s’est déclenchée au moment où Lincoln était coincé sous le sapin avec Clyde et M. Grouse.

Aïe aïe aïe, cela ne ressemble pas du tout à ses souvenirs d’enfance ! Que va dire le pauvre Lincoln ?

Il regarde Clyde, Clyde le regarde, et le silence s’étend.

– Elles… sont… trop top ! s'écrient-ils en même temps.

– Je ne vais pas perdre mes souvenirs d'enfance, finalement ! ajoute Lincoln.

– Waouh ! se réjouit Clyde. Bon, quelle est notre prochaine scène ?

– C'est mon septième anniversaire, lit son ami sur sa liste.

– Super ! Il faut que je travaille un accent ? Ou que je prenne du poids ?

– C'est gentil, mais ce ne sera pas nécessaire.

– Je fais aussi mes propres cascades, insiste le garçon.

Pour le prouver, il bondit par-dessus une

borne d'incendie… et tombe dans une bouche d'égout qui n'a pas été refermée !

– Aaah ! hurle-t-il.

PAF ! Il heurte le fond.

Le septième anniversaire

Cette fois-ci, les deux amis sont dans le jardin. Ils soufflent de toutes leurs forces pour monter le château gonflable que Lincoln avait pour son septième anniversaire. Dessus, il y a écrit « Joyeux anniversaire, Lincoln ! ». Le résultat est impressionnant, mais ils sont épuisés.

– Ah, je suis content qu'on ait gardé ce truc, sourit Lincoln.

– J'aurais aimé qu'il y ait aussi la pompe, regrette Clyde.

Il continue à souffler pendant que Lincoln ajuste l'appareil photo, mais il n'en peut plus et s'effondre sur le sol, à bout de forces. Heureusement que c'est terminé !

– Attends, s'écrie soudain Lincoln, je me suis trompé. Il n'y avait pas de château gonflable pour mon septième anniversaire. C'était un ring de catch mexicain ! Dépêche-toi, Clyde, il faut qu'on change de décor !

Il enlève la valve et dégonfle la structure qu'ils ont mis tant de temps à monter. Clyde n'en peut plus.

– Je crois que je vais m'allonger un peu…, bredouille-t-il.

Soudain, son visage affiche un large sourire et il ajoute :

– … dans le lit de Lori !

Il n'a pas le temps de mettre son plan à exécution : Lincoln l'attrape par les aisselles et l'emmène. Bientôt, le ring de catch est mis en place dans le jardin. C'est plus facile quand il n'y a rien à gonfler !

– Alors, si je me souviens bien de la photo, j'étais par terre, et Lynn allait se jeter sur moi, réfléchit Lincoln.

– Cool ! lance Clyde. Laisse-moi juste une minute pour me remettre dans le rôle de Lynn.

Il a enfilé la tenue de sport de la jeune fille et porte désormais un masque de catch rouge et bleu. Bon, il serait sans doute plus ressemblant sans ses lunettes, mais il ne voit rien sans elles. Il fait une ou deux fentes, puis se met en position de combat :

– Beuarg ! crie-t-il. OK, je suis prête !

Lincoln enclenche le retardateur puis va

s'allonger au milieu du ring. Il a enfilé un masque vert et attend sagement qu'on lui saute dessus. Clyde monte sur l'un des poteaux et prend son élan :

– Lynn l'Aliénée va se jeter du troisième poteau, déclame-t-il. Yaaaah !

Il se laisse tomber sur Lincoln mais, à ce moment précis, le garçon se relève, frappé par une idée subite.

– Hé, attends un peu ! Ce n'était pas du catch mexicain. Oui, c'était sur le thème du cirque !

Il a bougé si subitement que Clyde s'est lamentablement écrasé au sol. Il lève péniblement le pouce pour montrer qu'il est encore en vie.

– Je vais chercher mes chaussures de clown, parvient-il à articuler.

Les deux amis rangent le ring, montent une tente de cirque, et Clyde se déguise avec une perruque de clown et un nez rouge. Très concentré, il tente de tenir sur un monocycle lorsque Lincoln a un nouveau doute.

– Attends, ce n'était pas un clown, c'était un dresseur de lions.

En entendant cela, Clyde se déconcentre. Le monocycle part en arrière, heurte un grillage, et le garçon tombe de l'autre côté, chez le voisin !

– Hors de chez moi ! gronde le vieil homme, avant de roter de nouveau.

Visiblement, il n'a toujours pas digéré les lasagnes…

Pour s'adapter aux souvenirs de Lincoln, Clyde a, cette fois-ci, enfilé un costume de dresseur. Il tient un fouet dans la main droite, et se sert d'une chaise comme bouclier. Devant lui se tient un terrible fauve : Cliff, le chat de la maison, à qui l'on a enfilé une crinière pour qu'il ressemble à un lion. Cette fois-ci, la photo sera parfaite.

– Attends, réfléchit Lincoln, ce n'était pas un dresseur de lions mais un contorsionniste…

Dans son dos, Cliff en a assez d'entendre les claquements de fouet de Clyde et lui saute au visage. La mêlée est violente ! Quand on dit qu'il faut se méfier des félins…

Clyde est toujours décidé à aider son meilleur ami. Il parvient même à plier son dos pour attraper ses chevilles avec ses mains. Il a l'air de souffrir… et Lincoln n'est toujours pas convaincu.

– Non, ce n'était pas un contorsionniste, marmonne-t-il, c'était un homme propulsé d'un canon.

Désespéré, Clyde perd l'équilibre et roule sur lui-même jusqu'à heurter

une barrière. Il aura donné du sien dans cette affaire. Et ce n'est pas terminé : le voilà dans un canon, avec un gros casque et de grosses lunettes pour se protéger. La mèche est en train de se consumer quand Lincoln réfléchit de nouveau :

– Attends une minute…

– Oh non, gémit Clyde, tu changes encore d'avis ? Parce que si c'est le cas, tu devrais vraiment te dépêcher de me sortir d'ici !

Trop tard. Le canon tire, le garçon est éjecté dans les airs et son cri se perd dans le lointain.

– Ah, mais qu'est-ce qu'on a fait à cette fête, déjà ? s'agace Lincoln sans se soucier de son ami.

Ce n'est que plus tard qu'il va l'aider à redescendre de l'arbre dans lequel il s'est écrasé.

– Désolé de t'avoir fait subir tout ça, mon pote, s'excuse-t-il.

– Ne t'inquiète pas, Lincoln, répond Clyde. Ce n'est rien comparé à ma chute du toit pendant la représentation d'*Un violon sur le toit* vendredi…

– On a un problème, le coupe Lincoln. Mes souvenirs sont en train de disparaître. Il faut qu'on se dépêche de prendre les autres photos, vite !

– Pas de problème, réplique Clyde, toujours motivé.

Il se tourne pour montrer le gros trou dans sa combinaison au niveau des fesses : le canon a tout de même fait des dégâts !

– Il faut juste que je me change, conclut-il.

C'est parti ! Cette fois, les photos s'enchaînent. Lincoln pose sur une fausse plage, devant un château de

sable, en compagnie de Clyde déguisé en Luan. Puis il fait un bonhomme de neige (en sacs-poubelle) tandis que son ami joue le rôle de Lana. Ils enchaînent avec une photo de Lincoln seul sur son vélo, puis une autre où il montre des œufs de Pâques avec une fausse Lynn au premier plan.

Sur la suivante, Lincoln se trouve sur le pot, tandis que Clyde s'est déguisé en Mme Loud, qui semble ravie d'un tel progrès. Le voici désormais déguisé en super-héros pour Halloween avec une Lucy plus vraie que nature, habillée en vampire. Puis il joue à la balançoire avec une fausse Lori, se fait couper les cheveux par une fausse Leni et joue du piano tandis qu'une fausse Luna plaque des accords sur sa guitare.

Décidément, Clyde est exceptionnel, il se glisse d'un rôle à l'autre sans la moindre hésitation… même celui de Lisa, en gros bébé dans les bras de Lincoln à téter un biberon. Puis ils reproduisent la même photo, mais avec Lola dans le rôle du bébé. Dans le cliché suivant, c'est Lincoln qui joue les nourrissons et Clyde qui endosse le rôle de Mme Loud.

Ça vous épuise rien que de le lire ? Imaginez à quel point c'est fatigant de le faire en vrai ! Bientôt, Clyde et Lincoln sont à bout de souffle.

Mais notre héros n'a pas le temps de se reposer :

– Lincoln ! crient ses dix sœurs en même temps.

Elles viennent de rentrer du centre commercial et découvrent l'état lamentable du jardin. Pour faire ses photos, le garçon a mis du bazar partout !

– Qu'est-ce que tu fais avec toutes nos affaires ? l'accuse l'aînée de la fratrie.

– Ce diadème n'est pas censé se retrouver par terre ! siffle Lola, furieuse.

– Les filles, pas de panique, je vais tout remettre en place, promet Lincoln en souriant. Mais avant, je vais développer…

Il ouvre l'appareil photo et son sourire disparaît. Après avoir apporté la première pellicule chez le photographe, il n'en a pas glissé d'autre à l'intérieur. Rien de ce qu'il a fait cet après-midi n'a été pris en photo !

– Nooooon ! hurle-t-il, désespéré. Je n'y crois pas, j'ai oublié de mettre une pellicule !

Après tous ces efforts, le choc est tellement intense qu'il s'évanouit.

Souvenirs, souvenirs

Lorsqu'il se réveille, toutes ses sœurs sont autour de lui, perplexes.

– Le pot… le bac à sable… le dresseur de lions… les lasagnes…, marmonne-t-il.

– Lincoln, reprends tes esprits, s'écrie Lola en lui donnant une gifle. Tu dis n'importe quoi !

Le garçon se relève péniblement. Autour de lui, les filles ne sont plus en colère.

– Est-ce que ça va ? s'inquiète Lucy. Clyde nous a dit ce que tu essayais de faire.

– Ensuite, il a aperçu Lori et a perdu connaissance, complète Lisa.

En effet, le pauvre garçon est allongé sous un arbre, inconscient.

Il ne parvient qu'à marmonner :

– L… L… L… L…

– Ne dis pas son prénom si fort ! proteste Leni, occupée à l'éventer.

– On est vraiment désolées que tu aies perdu tes photos, déclare Lana. Est-ce que tu veux qu'on t'aide à les refaire ?

– Ouais, te soutenir, c'est notre objectif, ajoute Luan. Comme un objectif photographique. Ah, ah ! Vous avez compris ?

Lincoln est vraiment touché par la gentillesse de ses sœurs, mais il finit par soupirer :

– Merci quand même, les filles, mais c'est inutile. Mes souvenirs d'enfance disparaissent déjà. Je n'arrive même pas à me rappeler ce qui s'est passé pour mes sept ans.

– Je sais ! s'écrie aussitôt Lori. Il y avait un magicien ! Son lapin te faisait carrément trop flipper !

En effet, le Lincoln de l'époque, tout mignon dans son costume et sa cape de sorcier, a mis les mains dans le chapeau du magicien et en a sorti le lapin par les oreilles.

– Haaaa ! a-t-il hurlé, pendant que Charles, le chien de la famille, se jetait à la poursuite du pauvre animal.

Dans la confusion, la table avec le goûter s'est renversée et Lincoln a reçu son gâteau d'anniversaire en pleine figure !

En se rappelant ce moment, toutes les sœurs présentes éclatent de rire – et même celles qui sont plus jeunes imaginent la scène en gloussant.

– Je n'en reviens pas que tu t'en souviennes, déclare Lincoln, émerveillé.

– Au fait, vous vous rappelez la fête d'anniversaire pour les six ans de Lincoln ? demande Luna.

– Dans l'allée du bowling ? C'est gravé dans ma mémoire, pouffe Luan.

En effet, les doigts coincés dans une boule de bowling, Lincoln a roulé

sur la piste et a heurté toutes les quilles !

– C'est la seule fois où tu as réussi un strike, empoté, se moque Lynn.

– Oh, et vous vous rappelez la fois où Lincoln a supprimé toutes les photos de son ordinateur ? déclare Leni, qui veut participer, elle aussi.

Mais cette fois-ci, personne ne rit, sauf elle.

– Ça, c'était ce matin, observe froidement Lola.

– Je sais, ricane Leni. Vous vous en souvenez ?

Elle n'est pas méchante, mais elle a parfois du mal à comprendre ce qu'il faut dire et ce qu'il vaut mieux ne pas mentionner.

– Ouais, et la fois où Lincoln a joué avec le maquillage de maman ? relance Luan pour changer de sujet.

À l'époque, Lincoln était encore bébé. Il s'en était mis plein la figure.

– Pour le démaquiller, c'était coton. Vous avez compris ? plaisante de nouveau Luan.

– Haha, font poliment Lori, Lola et Lana.

– Et la fois où il a passé toute la journée sur son vélo à essayer d'attraper le bout de l'arc-en-ciel, se souvient Luna.

– Ou la fois où il a porté son costume de Blarney le dinosaure tous les jours pendant une semaine, ajoute Lori.

– Ooh ! Et quand il s'est cassé un bout de dent ! poursuit Lynn.

Les rires reprennent de plus belle, mais Lincoln ne se sent pas vexé. Elles rient avec lui, et non de lui, et ça fait toute la différence.

– On dirait que je n'ai pas besoin de m'inquiéter, souffle-t-il. Avec toutes mes sœurs, c'est comme si j'avais une photothèque de Lincoln fois dix !

Je suis à peu près sûr que, peu importe ce qui m'arrive dans la vie, elles m'aideront à m'en souvenir.

– Et la fois où Lincoln a essayé de monter sur l'étagère pour prendre des cookies ? Vous vous rappelez ? continue joyeusement Lori.

Il a glissé et s'est retrouvé suspendu par son pantalon la tête en bas, les fesses à l'air.

– Celle-là, je préfère l'oublier, soupire le garçon.

Lorsque Clyde se réveille, toutes les filles sont en train de rire autour de Lincoln. Aussitôt, il sort son portable. Ce sera une photo parfaite de la famille Loud, avec tout le monde de bonne humeur.

Ce n'est pas comme si ça arrivait tous les jours !

Ravi, Lincoln monte dans sa chambre et sauve la photo avec prudence. Cette fois-ci, il prend toutes les précautions nécessaires pour ne pas qu'elle disparaisse.

– C'est un bon début pour la photothèque de Lincoln, déclare-t-il. Hop, je la sauvegarde dans le nuage !

Ouf, tout est bien qui finit bien, finalement ! Mais soudain, la voix stridente de Lori vient briser ce moment de bonheur :

– Qui a utilisé TOUT MON ROUGE À LÈVRES ?

Oh, oh. Clyde rentre la tête dans les épaules, embarrassé. D'un autre côté, il a vraiment été un excellent acteur, et il avait BESOIN de ce rouge à lèvres pour jouer le rôle de Lori, n'est-ce pas ?

Ce n'est jamais drôle de perdre quelque chose auquel on tenait, et Lincoln ne s'est rendu compte de la valeur de ces photos qu'une fois qu'elles ont disparu. Mais finalement, qu'est-ce qui est le plus important ?

Quelques images sur un écran, ou bien les souvenirs que ses sœurs peuvent lui raconter en gloussant de tous les moments de sa vie ?

Et puis Lincoln n'a pas tout perdu. Il va garder pour toujours les souvenirs des photos qu'il a faites avec Clyde, dans le bain, sur la chaise de bébé ou sur le cheval mécanique. Et ça, ça n'a pas de prix !

FIN

nickelodeon
BIENVENUE CHEZ LES LOUD
INTEGRALE DE LA SAISON 1 DISPONIBLE
4 DVD
26 EPISODES
POUR PLUS DE 10H DE RIRES EN FAMILLE !
N'ATTENDS PLUS ET
RETROUVE TA SERIE PREFEREE EN DVD !
1 L'AMOUR VACHE
2 LA CHASSE AU TRESOR
3 LES SOEURS A LA RESCOUSSE
4 TEMPETE A LA MAISON
2H20 DE RIRES EN FAMILLE
CHOISI PAR gulli
© 2018 Viacom International Inc. Tous droits réservés.
Retrouve tous nos titres sur www.citel-video.com
Retrouve ta série sur nickelodeon
@citel.video
citel.video
Citel VIDEO

As-tu lu les autres aventures de Lincoln ?

Tome 1

Tome 2

Tome 3

Tome 4

Tome 5

Tome 6

Tome 7

Tome 8

Tome 9

Tome 10

Tome 11

Tous tes héros sont sur
www.bibliotheque-rose.com

**Tu as aimé cette histoire ?
Retrouve la famille Loud
dans le prochain tome !**

RETROUVE EN BD
LES AVENTURES DE TA
FAMILLE PRÉFÉRÉE !
nickelodeon
BIENVENUE CHEZ LES LOUD
4
L'ARBRE GÉNÉALOGIQUE
DÉFENSE D'ENTRER !
BIENVENUE CHEZ LES LOUD
3
VIVRE À FOND !
2
C'EST LE CHAOS
C'EST LE CHAOS !
nickelodeon
BIENVENUE CHEZ LES LOUD
5
NUIT NOIRE
© 2019 Viacom International Inc. Tous droits réservés. © Hachette Livre 2019
hachette COMICS
5 TOMES DISPONIBLES
Retrouve ta série sur nickelodeon
L'INTÉGRALE DES 3 PREMIERS TOMES BIENTÔT EN LIBRAIRIE !

Table

PAPIER À BASE DE
FIBRES CERTIFIÉES

hachette s'engage pour l'environnement en réduisant l'empreinte carbone de ses livres. Celle de cet exemplaire est de :
400g éq. CO_2
Rendez-vous sur
www.hachette-durable.fr

Photogravure Nord Compo - Villeneuve-d'Ascq
Imprimé en Roumanie par G. Canale & C. S.A.
Dépôt légal : juillet 2019
Achevé d'imprimer : juin 2019
58.1339.2/01 – ISBN 978-2-01-709742-6
Loi n° 49956 du 16 juillet 1949
sur les publications destinées à la jeunesse